AF264170

EXTRAIT DE LA RUCHE POPULAIRE,
Rue des Quatre-Fils, 17.

ORGANISATION DU TRAVAIL.

Discussion

ENTRE

LE JOURNAL LE GLOBE

ET

UN OUVRIER TYPOGRAPHE.

PRIX : 20 CENTIMES.

PARIS,

Au Bureau de LA RUCHE POPULAIRE, rue des Quatre-Fils, 17;
Chez JONDÉ, rue de la Tixeranderie, 84;
Et chez l'AUTEUR, place du Collége-Louis-le-Grand, 6.
1844

A

ALEXANDRE LEFEBVRE-MAISON.

COIFFEUR A PÉRONNE.

Je te dédie ces quelques pages, mon bon Alexandre, espérant que le nom d'un Ouvrier honnête homme portera bonheur à la cause que nous défendons, et à laquelle tu concours selon tes forces. Ton excellent cœur a tressailli plus d'un fois au triste spectacle des misères imméritées, et souvent tu as désiré détruire les causes des maux que tu ne t'expliques pas toujours.

Tant de luxe d'un côté, tant de pauvreté de l'autre ! t'écriais-tu. Mais Dieu n'a pu vouloir qu'il en fût ainsi ; les hommes seuls ont fait le mal. Ne peuvent-ils donc changer et améliorer l'état des martyrs de l'industrie ?

— Oui, mon ami, ils le peuvent ; ils le feront, sois-en sûr : c'est notre conviction profonde.

Ton amitié constante, dont j'ai toujours tâché d'être digne, m'a soutenu dans mes divers travaux, et je te remercie de me l'avoir continuée. L'amitié est à l'âme ce qu'est la brise au corps : elle rafraîchit et donne de nouvelles forces.

Tout à toi,
Ton ami,

COUTANT, *Ouvrier typographe.*

Paris, 15 juillet 1844.

Un mot.

Si cette petite brochure provoque d'autres idées, si elle intéresse suffisamment la Presse en général pour que celle-ci daigne discuter l'Organisation du travail, même au point de vue particulier à chacun, nous aurons atteint notre but.

Nous croyons que le moment est venu où tous les publicistes indépendants, voulant leur patrie grande, honorée et heureuse, doivent produire au grand jour leurs idées d'organisation industrielle et agricole; il est temps enfin de débattre les grands intérêts du peuple, qui a constamment montré, on ne peut le nier, une sublime patience au milieu des misères séculaires qui ont toujours été son triste lot.

S'occuper des destinées de la classe courageuse et dévouée du peuple, ce sera plus qu'un acte de justice et d'utilité, ce sera un acte de sagesse : car qui sait ce qu'il adviendrait, les choses continuant d'aller ainsi qu'elles vont depuis plusieurs années? La société marche vers un précipice, il faut le prévoir.

Rien n'est fondé, tout est campé; nous sommes sans lendemain.

Les Ouvriers, sur qui tout repose, sont le jouet du hasard et du premier venu; aucun devoir ne leur est reconnu, et tout se décide comme s'ils n'étaient pas. Mais ils ont le sentiment de leur dignité, de leur capacité, de leur moralité; ils ne faibliront pas devant les obstacles qui leur seraient suscités çà et là.

Un avenir meilleur est assuré au peuple : on le devine, on le pressent; mais tout le monde ne voit pas encore clairement par où l'on doit commencer et ce que l'on doit faire.

Un travail préalable est donc nécessaire pour fixer cette indécision : c'est à ce labeur que nous convions tous les penseurs. Des lumières de chacun il sera possible de composer un flambeau qui éclairera la route de l'humanité.

ORGANISATION DU TRAVAIL.

RÉPONSE AU JOURNAL LE GLOBE.

Convaincu que la discussion ne peut qu'éclairer sinon résoudre l'important problème de *l'organisation du travail* posé aujourd'hui par tout le monde, nous nous empressons de répondre aux questions du *Globe*.

Ce n'est jamais sans raison que tout un peuple s'empare d'un mot; ce mot cache toujours une idée profonde et nécessaire : il se peut que quelques uns ne comprennent pas toute la portée de ce mot; mais beaucoup s'en rendent compte et croient de leur devoir de l'expliquer, de le vulgariser. Nous sommes de ceux-ci.

Avant de formuler le moyen *d'organiser le travail*, nous devons relever ce que nous nommons les *erreurs* du *Globe*.

Remercions d'abord ce journal d'avoir reconnu dans notre réponse convenance et franchise. C'était pour nous un devoir que nous sommes heureux d'avoir rempli, (et que nous remplirons dans toute occasion), puisque le *Globe* agit envers nous comme nous avons agi envers lui.

Nous disions dans la *Ruche* : « Le combat que livre le maître à l'ouvrier, alternativement, est constant; il résulte de l'opposition des intérêts. Le maître est dans l'obligation, pour soutenir la concurrence, de diminuer le salaire de ceux qu'il occupe. L'ouvrier résiste à toute diminution, parce que de son plus ou moins de salaire dépend sa vie. »

Le *Globe* fait les réflexions suivantes :

C'est imbus de ces idées absolues que les ouvriers viennent discuter l'institution d'un tribunal de conciliation, du tribunal des prud'hommes, et qu'ils demandent qu'il soit composé en nombre égal d'ouvriers et de maîtres. Mais s'il est vrai, comme le dit *la Ruche*, que les maîtres soient obligés de diminuer les salaires pour soutenir la concurrence, et les ouvriers obligés de refuser toute diminution pour ne pas mourir de faim (1), comment les ouvriers et les maîtres qui compose-

---

(1) « M. Duchâtel a demandé et la chambre a décidé que les prisonniers pourraient être mis au *pain* et à *l'eau*, ce qui n'est pas très malheureux pour des criminels en révolte : car il y a dans les Landes, en Auvergne, dans le Limousin, dans la Creuse, dans la Haute-Loire et ailleurs, des MILLIONS *de braves gens* qui n'en ont pas toujours autant. » (*Globe.*) Que proposez-vous, hommes du *Globe*, pour retirer de la misère ces millions de braves gens ?

raient en nombre égal les conseils des prud'hommes pourraient-ils se concilier ? Il faudra, si l'on veut, départager les voix ; mais si c'est la voix d'un maître qui fasse pencher la balance, le salaire est diminué. et l'ouvrier meurt de faim, toujours selon *la Ruche ;* et si c'est la voix d'un ouvrier, le maître ne peut supporter la concurrence, et il se ruine.

Nous sommes certain qu'un tribunal de prud'hommes composé en nombre égal de maîtres et d'ouvriers avec un président pris alternativement parmi les maîtres et les ouvriers, le président ayant double voix pour établir une majorité, on obtiendrait de bons résultats, parce que la discussion qui précéderait le vote éclairerait sur le sujet mis en délibération.

Dans une réunion comme serait celle-ci, la justice prévaudrait suffisamment pour donner la majorité au bon droit. La corruption n'est pas arrivée à éteindre tout sentiment d'honnêteté ; il y a une certaine pudeur qui se révolte quand on est sur le point de commettre une injustice, et cela, en présence de plusieurs personnes intéressées à dévoiler toute forfaiture. La qualité de juge impose à la conscience d'accomplir son devoir ; la solennité d'un tribunal inspire mieux que la présence d'un registre du *doit* et *avoir.*

Le *Globe* voudrait-il nous faire désespérer quand même des maîtres ? Voudrait-il nous dire que nous ne devons attendre qu'injustice dans tous les cas ? Non, telle ne peut pas être sa pensée.

Rétablissons la question.

Le maître donne sa marchandise au meilleur marché possible, espérant retrouver sur la quantité du débit les sacrifices qu'il a faits d'une partie de ses bénéfices ; les résultats répondent au calcul du maître pendant quelques jours ; mais le voisin, à son tour, fait la même diminution, et voilà la chance redevenue égale. Il faut recourir à un autre moyen. Quand le maître a diminué le plus qu'il a pu la part de ses bénéfices, il songe à attaquer le salaire de ses ouvriers. Il le fait, mais non sans peine, après bien des hésitations. Quelquefois les ouvriers résistent, d'autres fois ils cèdent au maître, qui débite un petit discours adroit où il prouve aux ouvriers la nécessité de cette diminution ; puis il ajoute, si l'ouvrage pour lequel il demande une baisse de prix est de peu de durée : « Ce n'est que pour quelques jours », quoiqu'il sache intérieurement que ce prix *sera définitif.* Si l'ouvrage est de longue durée, au contraire, il fait ressortir cet avantage d'être occupé pendant trois mois, six mois, un an, sans chômage, et qu'on regagnera bien sur ce travail suivi le petit sacrifice qu'il demande. Cela est tellement vrai, surtout dans un corps d'état, que les ouvriers ne croient plus une seule parole de ceux qui les occupent (1). Ce ne sont pas des opinions que nous émettons, ce sont des faits que nous dévoilons.

Donc, guerre de maître à maître, puis guerre de maître à ouvrier, voilà l'état actuel.

Comment concilier ces intérêts opposés ?

Le *Globe* en voit l'impossibilité ; nous allons lui démontrer la possibilité de cette conciliation.

La concurrence sans frein qui s'exerce aujourd'hui sous le nom de liberté de l'industrie ne produit plus que des excès ; cette concurrence est faite sans loyauté, sans dignité, et ne profite qu'à un très petit nombre.

La concurrence serait loyale et digne si on la faisait aux mêmes conditions, sur les mêmes bases : alors la victoire serait au plus intelligent, au plus capable ; il pourrait se prévaloir de son succès, qui ne serait que la digne récompense du plus méritant.

Dans l'état actuel des choses, il n'en est pas ainsi : le mauvais travailleur fait la loi au bon travailleur ; le premier, don-

---

(1) Nous éprouvons un si grand bonheur à louer quand il y a lieu, que nous ne pouvons résister au désir de désigner deux industriels éminents par leur bon cœur et la justice qu'ils mettent dans leurs rapports avec leurs ouvriers. Un jeune apprenti teinturier, placé près du Château-d'Eau, nous disait que son maître n'avait jamais attendu que ses ouvriers lui vinssent demander une augmentation de salaire méritée ; il les prévenait toujours, à leur grande surprise ; les intérêts de ses ouvriers lui sont aussi chers que les siens propres. Récompenser dignement ses travailleurs, leur procurer continuellement du travail, tel est son but. — Le second, qui a d'immenses ateliers, a intéressé ses ouvriers dans l'entreprise ; un certain intérêt leur est consacré. L'homme qui nous a communiqué ces détails, appelé à rendre aussi de grands services à la classe ouvrière par la belle initiative qu'il a prise de peindre les misères du peuple et de présenter des moyens pratiques d'y remédier, ajoutait que ces mêmes ouvriers traduisaient leur reconnaissance en apportant activité, intelligence, soin et économie dans leurs travaux. Il n'en peut être autrement : l'ingratitude ici serait un crime. Nous citons ces établissements comme exemples à suivre. Nous saisissons cette occasion pour engager les maîtres et les ouvriers à nous apporter les faits semblables qui seraient à leur connaissance.

nant à beaucoup meilleur marché, parce qu'il paie moins ses
ouvriers, passe moins de temps à son travail; le second est obli-
gé à imiter le cameloteur, sans quoi il perd la partie. Alors l'un
et l'autre établissent une guerre sourde et malheureuse; ils
trompent sur le poids de la vente, sur la qualité, empoisonnent
la marchandise. Voilà le mal.

Montrons le remède, la conciliation.

Reconnaître dans chaque corps d'état le taux d'un salaire
qui représente toutes les dépenses obligées d'un ménage. Les
ouvriers nommeraient un certain nombre des leurs qui discute-
raient avec un même nombre de maîtres la quotité du salaire.
Ouvriers et maîtres, chacun de leur côté, avant les conférences,
se livreraient à une enquête; du reste très facile à faire. Cette
première base établie, les maîtres alors seuls s'assembleraient
à l'effet de fixer des prix de vente communs à tous. Chaque
maître exposerait à la vue du public ce tarif commun qu'il faudrait suivre ponctuellement, sinon encourir une amende lorsqu'un acheteur viendrait dévoiler une forfaiture au tarif en plus
ou en moins. L'amende (1) dépasserait de beaucoup le prix de
l'objet en vente. La grande majorité des maîtres consentirait vo-
lontiers à ce tarif; les pirates seuls, le bas-fond, s'y opposeront,
nous le savons. Il faudrait, pour que ce projet réussît complé-
tement, qu'il fût autorisé par le gouvernement. Du reste, ce
n'est pas une mesure nouvelle, elle existe déjà : les boulangers
sont soumis à la taxe; les cochers de cabriolets, de fiacres, les
débitants de tabac, ont également des tarifs. Quelques autres
corps d'état s'y soumettent de leur propre autorité.

En acceptant ce moyen de conciliation, on créerait un état
commun pour tous les marchands; et les ouvriers intelligents,
capables, auraient la préférence, ce qui est de toute justice. On
créerait une émulation vers le bien qui profiterait à tous. On
pourrait dire alors : *au plus digne !*

Ce ne sont toutefois que des palliatifs, en attendant la grande organisation sur laquelle nous nous expliquerons complète-
ment à la suite de cette réfutation.

Quoique *le Globe* nous impute à tort une demande de statistique de la production et de la consommation en France, nous
allons nous expliquer. Nous n'en avons pas parlé, mais nous

---

(1) L'amende serait au profit de l'acheteur.

aurions pu en dire quelques mots. Je suppose même que nous avons dit ces quelques mots, cela nous donnera l'occasion de venir au secours du *Globe*, qui se trouve très embarrassé dans la question.

C'est impraticable par vingt raisons, dit *le Globe*..... S'il faut deux ans pour faire la statistique du commerce extérieur, il faudrait cinq, six, dix ans peut-être, pour faire la statistique de la production et de la consommation. Cette statistique arriverait toujours trop tard de plusieurs années; dès lors elle perdrait toute son utilité préventive.

Il est vrai que, si la statistique s'opérait de cette manière, elle serait sans utilité, comme le dit ce journal.

Voici ce qu'il serait utile de faire.

Dans chaque ville de France, les maîtres de tous les états seraient tenus, quand ils auraient besoin d'un ou de plusieurs ouvriers, de le faire savoir au maire; le maire enverrait la liste au chef-lieu du département, le maire du chef-lieu du département à l'hôtel de ville de la capitale (1). Dans toutes les mairies de France, à l'endroit où on placarde les annonces de mariage, la liste des maisons qui demanderaient des ouvriers, avec la désignation du corps d'état, serait affichée. On pourrait obtenir en outre que la publication de la liste fût faite par les journaux de toutes les localités : les journalistes, surtout ceux de l'opposition, naturellement dévoués, accepteraient avec empressement.

Le moyen est facile : certains journaux insèrent les *faillites*, les *décès* quotidiens et les annonces judiciaires, qui n'ont pas l'importance de la question que nous traitons.

On ne verrait plus les ouvriers voyager au hasard, pendant plusieurs mois, sans trouver de l'ouvrage; aller à droite quand il faudrait se diriger à gauche. C'est bien triste, allez, ces péré-

---

(1) Dans chaque département, il serait utile d'établir une agence s'occupant de placer les ouvriers. L'agence qui ne pourrait placer tous les ouvriers inoccupés correspondrait avec les agences les plus voisines. Tous les frais de déplacement seraient payés par l'agence représentant le département, qui voterait des fonds à cet usage. On serait initié en très peu de temps aux ressources des différents corps d'état. Dans telle partie où les ouvriers seraient trop abondants, on cesserait de faire des apprentis. Dans une branche d'industrie très négligée par l'administration, les *monteurs de boîtes de montre*, on n'occupe pour ainsi dire que des apprentis. Devenu ouvrier, on vous refuse du travail, ou on vous fait tant de diminutions et de vexations, qu'on est réduit à se retirer. Nous connaissons plusieurs de ces ouvriers qui ne savent que devenir.

grinations ouvrières : recommencer à chaque instant, dans Paris, par exemple, ces voyages d'atelier en atelier, où l'on recueille vingt fois le jour ces décourageantes paroles : « Je n'ai rien à vous donner ; le travail ne va pas ; vous aurez de la peine à trouver ; les ateliers sont déserts ; ceux-là même qui sont dans les ateliers ne travaillent pas. » Puis recommencer, recommencer encore ; repasser dans les mêmes maisons, où l'on finit par être mal reçu ! Il y a des maîtres qui ont pris le parti de ne plus voir les ouvriers, leurs portiers sont chargés de l'*embauchement* quand il y a lieu. Il est dans la destinée du peuple de subir toutes les humiliations !...

Il y a dans certaines industries trop de bras, pas assez dans d'autres. Pour remédier à ce mal, il n'est besoin d'aucune statistique ; le moyen de pourvoir à cet inconvénient est trouvé, il est mis en pratique.

Les maîtres prennent des apprentis en quantité et les utilisent à leur profit (1) ; au bout de 3, 4 ou 5 ans, leur apprentissage terminé, ils sont incapables de travailler. Le même maître qui a promis d'initier l'enfant dans les secrets du métier ne veut pas le conserver dans son atelier : l'enfant lui ferait du mauvais ouvrage et gâterait des matières ; il en prend d'autres pour continuer son exploitation. Il faut que l'apprenti, devenu ouvrier (le livret le dit du moins), cherche du travail ailleurs, d'où il ne tarde pas à être congédié pour incapacité ; il est ainsi renvoyé de maison en maison. Dieu sait ce qu'il résulte pour un jeune homme de n'avoir pas été montré ! Quelquefois il trouve un maître *philanthrope* qui l'occupera en lui payant la *moitié* (demi-pièces) du salaire qu'il gagnera.

Voici le remède.

Les ouvriers seulement prendront des apprentis dont ils seront responsables, toutefois avec l'autorisation du maître et le consentement de la majorité des ouvriers. Ce moyen est suffisant.

Autre question très grave sur laquelle nous appelons toute l'attention du *Globe* et de nos lecteurs.

Nous exprimions notre opinion *toute philosophique et toute morale* sur la propriété. Voici en quels termes :

« L'homme n'est rien par soi-même ; ce qu'on est, on le doit à la société. En naissant, l'homme est nu ; on le couvre d'ha-

---

(1) Nous tenons compte des honorables exceptions.

bits ; on lui inculque l'instruction, la science ; on lui donne la fortune ; il jouit en paix de toutes les conquêtes conservées et améliorées d'époque en époque. Croyez-vous que ce nouveau venu, qui n'a été pour rien dans tout ce qui s'est fait, et qui a l'heureuse chance d'obtenir par le hasard un beau patrimoine, ne contracte pas une dette envers la société ? Croyez-vous qu'il doive jouir jusqu'à l'abus des biens qui sont à tous ? S'il y a une mauvaise économie sociale, une répartition injuste, celui qui est bien favorisé n'a-t-il pas des devoirs graves à remplir envers l'autre, que la mauvaise chance aura privé de tout ? Il y a là plus que de l'ingratitude. Quand on s'empare d'un bien d'autrui, et qu'on en jouit tout seul, oh ! il nous vient une expression très dure pour caractériser ce fait... »

Cette expression très dure, dit *le Globe*, c'est qu'on commet *un vol*. Vous souvenez-vous de la définition communiste : *La propriété c'est le vol*. Ainsi un patrimoine c'est le bien d'autrui ; on ne peut en jouir seul, et, s'en emparant, on commet un vol. Il n'y a rien de plus communiste (1).

Nous avons caractérisé le principe de la propriété qui a présidé chez toutes les nations, mais nous n'avons pas en vue de frapper sur les individus ; c'est la mauvaise institution que nous avons critiquée, non pas que nous demandions le partage des terres, comme cela s'est opéré à Lacédémone par le législateur le plus capable et le plus dévoué qui soit à notre connaissance, Lycurgue ; mais nous pensons qu'au *droit de propriété* correspond le *droit du travail ;* et lorsqu'on manque au respect du droit de travail, nous examinons, dans notre malheur, dans nos misères, si la propriété est fondée sur la légitimité.

Il y a entre les riches et les travailleurs comme un contrat synallagmatique, contrat écrit dans le cœur de l'homme par Dieu, qui oblige les uns envers les autres.

A vous, riches, les propriétés, nous le reconnaissons ; mais aux ouvriers du travail, toujours du travail, non abrutissant et rétribué équitablement ; nous demandons enfin l'accomplissement de tous les droits, de celui du fort comme de celui du faible, c'est-à-dire la justice.

Il nous reste à proposer notre moyen d'*organisation géné-*

---

(1) Ne connaissant pas la définition du *Communisme*, nous nous abstenons de répondre à cette qualification.

rale, qui servira de conclusion à notre article, déjà bien long, il est vrai ; mais toutes ces questions sont importantes.

Notre principe, c'est l'ASSOCIATION.

Unir tous les ouvriers d'une même branche d'industrie.

Régler le travail, sa durée, sa répartition et sa rémunération.

Organiser l'intérieur (les chiffres sont arbitraires). Pour quatorze ouvriers il y aura un Ordonnateur, qui fera le quinzième ; au dessus de quatre ordonnateurs un sous-directeur ; au dessus de tous les sous-directeurs le Directeur. Voilà l'ordre créé ; la diversité va à l'unité.

Tous les grades seront donnés par l'*élection* triennale *directe*.

Le Directeur sera de droit *député ;* par ce moyen tous les corps d'état seront représentés.

Etablir un *minimum* d'émolument suffisant, et un *maximum*, afin d'exciter l'émulation.

Chaque année, le compte établi, les bénéfices formeront le budget.

Alors il n'y aura plus d'ouvriers, mais des fonctionnaires publics.

Voilà, selon nous, la loi de l'avenir ; nous n'entrons pas dans les infimes détails ; nous posons les principes qui font suffisamment deviner tout le bien, toute la justice qu'on obtiendrait d'une telle organisation.

Mais il n'y a pas de maîtres ! dira-t-on.

Nous ne reconnaissons de maître que Dieu ; nous n'obéissons qu'à la *morale évangélique*.

Nous voulons la loi du Christ, non pas celle appelée ainsi dans le monde, et qu'on a mise à la portée de nos mœurs ; non pas cette loi facile qui n'oblige à aucun devoir que celui de s'enfermer stérilement dans un temple, non ; mais nous demandons qu'on se pénètre sérieusement de la vérité de l'Evangile, qui est tout simplement l'*Amour universel*, qui commande de voir dans tout semblable un ami, un frère, toujours prêt à le secourir s'il est dans le malheur, à se réjouir avec lui s'il est dans la joie ; communier en amitié, c'est-à-dire fraterniser.

Eh quoi ! vous êtes chrétiens, dites-vous, et des *millions* de vos semblables végètent, inquiets, incertains, mourant de faim, avilis, méprisés, ne trouvant point d'écho dans vos cœurs endurcis, fermés à la pitié !

Vous êtes chrétiens ! et vous ne voulez rien prévoir : car l'enfant du pauvre est là, souriant encore, quoique affublé des haillons de la misère ; il grandit, privé des caresses de sa mère, de la nourriture de l'âme et de celle du corps ; cerveau sans idée morale, ne croyant à rien. Et vous vous étonnez que cet enfant, devenu homme, ne soit pas un modèle d'honnêteté ; qu'il aille, trébuchant, du gendarme au bourreau !

En présence de toutes les misères, que font les prêtres chargés de semer la parole divine, de distribuer à tous les pains et les poissons, et de réaliser sur la terre le royaume de Dieu ou sa justice ?

Ils réclament la liberté de l'enseignement !

« Savez-vous, disait M. Charles Dupin dans un réunion à l'Hôtel-de-Ville (1), ce que j'entends par liberté d'enseignement ? Ce n'est pas de se disputer huit cents jeunes gens *riches*, mais la liberté qui consiste à instruire, à donner un état à ces millions d'orphelins auxquels personne ne songe, ne s'intéresse, et de les rendre indépendants par le travail. »

Oui, M. Dupin, c'est cela ; mais, pour accomplir cette œuvre que vous avez raison d'indiquer, il faut se dévouer à ses semblables, corps, âme et bien ; et le clergé ne l'entend pas comme vous.

Mais que nous importerait le passé si nous distinguions dans le présent des apôtres de l'humanité prêchant autre chose que le *maigre* à des hommes qui *manquent de pain ;* si nous rencontrions de nouveau saint Pierre annonçant la *bonne nouvelle* au monde, sans entrer dans les misérables et périssables considérations de caste et d'intérêts privés ; si, au lieu de nous appeler à des sermons stériles et inintelligibles, on s'obligeait à la pratique de la sublime morale du Sauveur des hommes !

O prêtres ! inspirez-vous à la divine charité du Maître à tous, et les paroles de votre cœur engendreront mille bienfaits autour de vous. Dites aux riches qui vous écoutent d'employer leur for-

---

(1) Association pour l'adoption des orphelins, créée le 6 décembre 1829, comme l'a dit M. Ch. Dupin, par des Ouvriers, de simples Ouvriers, qui se réunissaient dans la modeste chambre de l'un d'eux. L'association a prospéré ; aujourd'hui les fabricants se sont joints aux artisans ; ils entretiennent cinquante à soixante orphelins des deux sexes. C'est peu de chose, si on considère qu'il n'y a pas moins de deux millions d'orphelins en France abandonnés à la misère.

tune à doter un corps d'état, puis un second, puis un troisième, à défaut du gouvernement, jusqu'à ce que le peuple ait conquis la place qui lui est due dans la société!

Les paroles sont insuffisantes pour améliorer la condition du peuple; il faut des institutions; les institutions seules font les hommes. Sans celle des séminaires, y aurait-il autant de prêtres instruits, ayant le même esprit et les mêmes mœurs?

Nous le répétons, les institutions font les hommes; votre devoir est de les réclamer pour le salut du peuple ou de la nation. Remplissez donc votre mission.

Nous ferons un appel au roi, aux ministres, aux députés, aux pairs, aux riches, aux lettrés, aux religieux orthodoxes ou non orthodoxes, à tous ceux qui pensent, à tous ceux qui aiment, à tout ce qui a puissance, pour demander par tous les moyens l'*Organisation du travail*, qui contient la paix et le bonheur de tous.

COUTANT,
Typographe.

Après l'écrit. — Maintenant que notre réponse est faite, nous demandons au *Globe*, s'il ne trouve pas nos moyens excellents, de FORMULER une pensée pour sauver ces *millions de braves gens* qui ont une existence pire que celle des *criminels*. On ne s'est occupé que des voleurs depuis bien des années; quand s'occupera-t-on des honnêtes ouvriers?

Imprimerie de GUIRAUDET et JOUAUST, rue Saint-Honoré, 315.

www.ingramcontent.com/pod-product-compliance
Lightning Source LLC
Chambersburg PA
CBHW050730070726
47597CB00009B/3873